Peldaños

Vivir EN LAS LLANURAS

Comunidades en las que vivimos

Lee para descubrir sobre las comunidades de perros de la pradera en las llanuras.

Ciudades de perros de la pradera

por Debbie Nevins
ilustraciones de Patrice Rossi Calkin

Como puedes adivinar por su nombre, los perros de la pradera viven en la **pradera**. Una pradera es un tipo de pastizal. Pero los perros de la pradera no son perros. Estos lindos animalitos son **roedores**. Los roedores son animales con grandes dientes delanteros que usan para masticar.

Los perros de la pradera de cola negra viven en las praderas de las Grandes Llanuras. Este es un territorio llano y árido del oeste de los Estados Unidos. Las Grandes Llanuras tienen abundante hierba dulce y jugosa que los perros de la pradera comen. Los animales hacen túneles en el suelo para construir sus hogares subterráneos. Estos hogares los mantienen a salvo de otros animales y del mal estado del tiempo.

Hace mucho tiempo, las Grandes Llanuras estaban llenas de perros de la pradera. Pero cuando las personas se mudaron a las llanuras, usaron la tierra para cultivar y criar animales. En la actualidad, hay menos campos abiertos para las ciudades de los perros de la pradera. Por lo tanto, hay menos perros de la pradera.

< Este tipo de perro de la pradera solo vive en el estado de Utah. Se llama perro de la pradera de Utah.

Hogar en el llano

Los perros de la pradera viven en grandes grupos familiares. Un grupo incluye a mamá, papá, los hermanos y otros parientes. Las comunidades grandes de perros de la pradera se llaman "ciudades". En su ciudad, la casa

Entradas Las madrigueras tienen al menos dos entradas, o vías al túnel. Por lo tanto, los perros de la pradera tienen otra vía de escape si hay peligro fuera de una entrada.

Habitación de escucha La primera habitación de una madriguera es para escuchar. Si hay ruidos afuera, los perros de la pradera no salen.

Nido Las crías de los perros de la pradera, llamados cachorros, nacen y se crían aquí.

Baño Los perros de la pradera cavan una cámara para usarla como baño. La limpian de vez en cuando.

subterránea de un perro de la pradera se llama **madriguera**. Tiene túneles intrincados y diferentes vías para entrar. Los túneles conducen a diferentes habitaciones llamadas **cámaras**. Cada cámara tiene un propósito.

Habitación seca
Los perros de la pradera se reúnen aquí si la madriguera se inunda. Esta habitación es alta y no se llenará de agua.

Dormitorio
La familia duerme aquí de noche. Se encuentra en la parte profunda de la madriguera para que puedan estar calentitos.

El día de un perro de pradera

Los perros de la pradera están más ocupados durante el día. Es entonces cuando salen a comer. También en ese momento llevan a sus cachorros a correr afuera. Para saludar, los perros de la pradera se tocan con la boca. El toque es como un "beso". Incluso pueden limpiarse el pelaje entre ellos y sacarse las pulgas.

¡Cuidado! Un coyote, un zorro o un halcón puede cazar a los perros de la pradera. Entonces hay solo una cosa que se puede hacer: ¡desaparecer! Los perros de la pradera pueden correr rápido aunque tengan las patas cortas.

Esta madre construye un nido. Lo hace antes de dar a luz a sus nuevos cachorros.

A los perros de la pradera les encanta comer una hierba llamada fleo.

Estos amigos se saludan con un "beso".

Cuando los perros de la pradera sienten peligro, ladran una advertencia aguda a los demás en su comunidad. También se mueven de arriba a abajo. Luego, los demás gritan y todos se lanzan rápidamente a sus madrigueras.

Los perros de la pradera tienen diferentes advertencias para cada enemigo. Con un grito llamado "salto ladrido", el perro de la pradera se pone de pie sobre sus patas traseras y ladra estruendosamente. El ladrido puede indicar a los demás que ha pasado el peligro. Puedes ver por qué ser parte de una comunidad es la forma de vida más segura para los perros de la pradera.

Las madres por lo general se aseguran de que no haya peligro afuera antes de salir de la madriguera. Luego, los cachorros salen a jugar si es seguro.

Compruébalo ¿Cómo se mantienen a salvo los perros de la pradera y su comunidad?

GÉNERO Ficción histórica

Lee para descubrir cómo habrá sido la vida para un niño que se mudaba con su familia al oeste en 1870.

Cyrus SE DIRIGE

Cyrus, un niño de 9 años, y su familia se mudan de Kentucky al oeste a través de las Grandes Llanuras. Se dirigen a una nueva granja en Kansas, donde la tierra es más barata. Las granjas son más grandes allí, y la familia puede cultivar más alimentos para ganar más dinero. Su viaje está lleno de desafíos, pero es emocionante.

24 de abril de 1870

¡Hurra, estamos en camino! Mi hermano Charles y yo caminamos junto a nuestra carreta. Nos aseguramos de

AL OESTE

por Elizabeth Massie
ilustraciones de Craig Orback

que no haya piedras grandes en el áspero camino. No queremos que se rompa una rueda de la carreta. La carreta está llena de nuestros alimentos y muebles.

Papá cabalga delante de la carreta mientras que mi tía Millie conduce. Mis primas, Sissy y Pearl, van adentro para asegurarse de que las cosas no se volteen.

16 de mayo de 1870

Hasta ahora, hemos viajado a través de Kentucky, Indiana e Illinois. Hoy cargaremos nuestra carreta en un transbordador. Debemos cruzar el río Mississippi para llegar a Missouri. Unos hombres usan remos largos a ambos lados del transbordador para cruzar el río a remo.

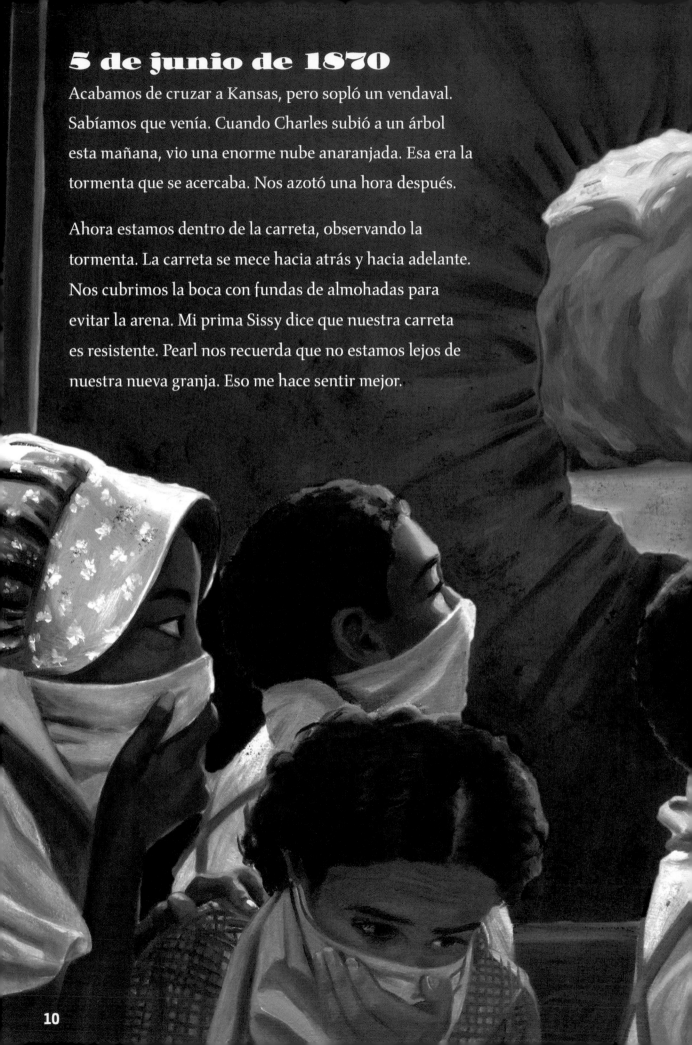

5 de junio de 1870

Acabamos de cruzar a Kansas, pero sopló un vendaval. Sabíamos que venía. Cuando Charles subió a un árbol esta mañana, vio una enorme nube anaranjada. Esa era la tormenta que se acercaba. Nos azotó una hora después.

Ahora estamos dentro de la carreta, observando la tormenta. La carreta se mece hacia atrás y hacia adelante. Nos cubrimos la boca con fundas de almohadas para evitar la arena. Mi prima Sissy dice que nuestra carreta es resistente. Pearl nos recuerda que no estamos lejos de nuestra nueva granja. Eso me hace sentir mejor.

No podemos continuar nuestro viaje hasta que la arena y el polvo se asienten. Paso el tiempo escribiendo y pensando. La tierra de las llanuras de Kansas tiene un aspecto diferente de la de Kentucky. En Kentucky hay bosques y montañas cerca de nuestra granja. Teníamos vecinos a menos de una milla, del otro lado de una colina. En nuestro nuevo estado, podemos viajar todo un día sin ver a otra familia. En Kansas hay pocos árboles y están muy alejados. Todo lo que vemos es el cielo y la hierba de las llanuras.

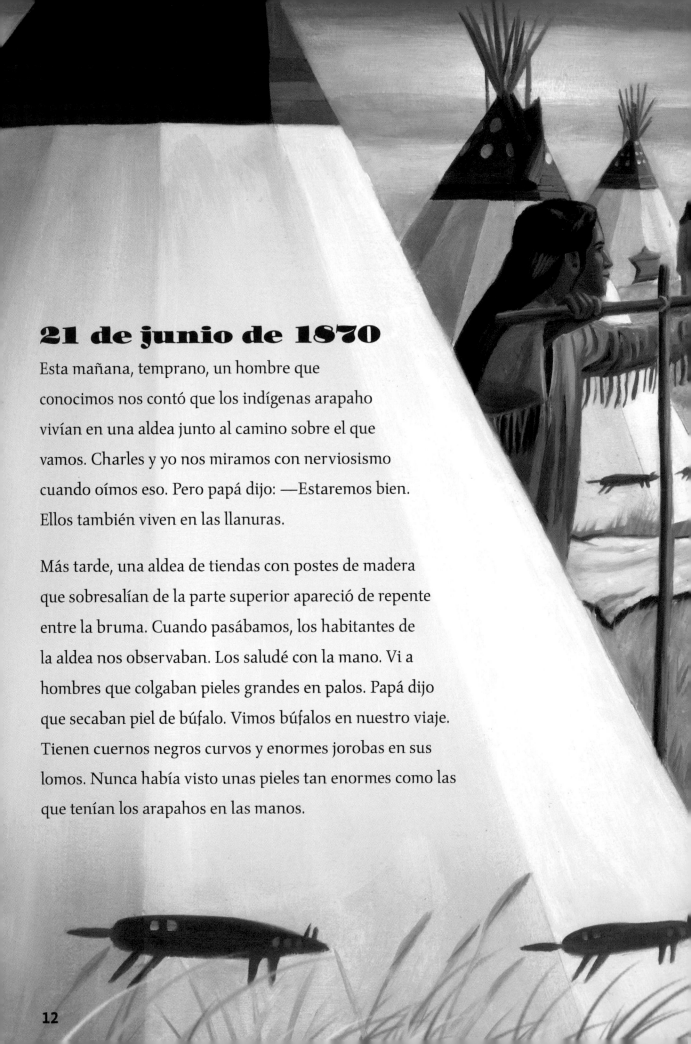

21 de junio de 1870

Esta mañana, temprano, un hombre que conocimos nos contó que los indígenas arapaho vivían en una aldea junto al camino sobre el que vamos. Charles y yo nos miramos con nerviosismo cuando oímos eso. Pero papá dijo: —Estaremos bien. Ellos también viven en las llanuras.

Más tarde, una aldea de tiendas con postes de madera que sobresalían de la parte superior apareció de repente entre la bruma. Cuando pasábamos, los habitantes de la aldea nos observaban. Los saludé con la mano. Vi a hombres que colgaban pieles grandes en palos. Papá dijo que secaban piel de búfalo. Vimos búfalos en nuestro viaje. Tienen cuernos negros curvos y enormes jorobas en sus lomos. Nunca había visto unas pieles tan enormes como las que tenían los arapahos en las manos.

26 de junio de 1870

¡Llegamos a nuestra tierra! La granja tiene un pequeño
río que fluye a través de ella. Apenas papá dijo que
estábamos en casa, Charles y yo corrimos al agua y
nos zambullimos. Sentí el agua fresca en mi piel. ¡Fue
muy agradable tomar un baño y limpiarme el polvo y
el sudor!

5 de julio de 1870

Como no hay muchos árboles en nuestro terreno, tuvimos que construir nuestra casa con una combinación de hierba y tierra. Cortamos los ladrillos del suelo y los apilamos para hacer paredes. Fue un trabajo difícil, pero lo terminamos ayer.

Charles, Pearl, Sissy y yo nos quedamos hasta la madrugada hablando en susurros. Luego ellos se quedaron dormidos, pero yo no concilié el sueño. Estaba muy entusiasmado por estar durmiendo dentro de nuestra casa de hierba y tierra.

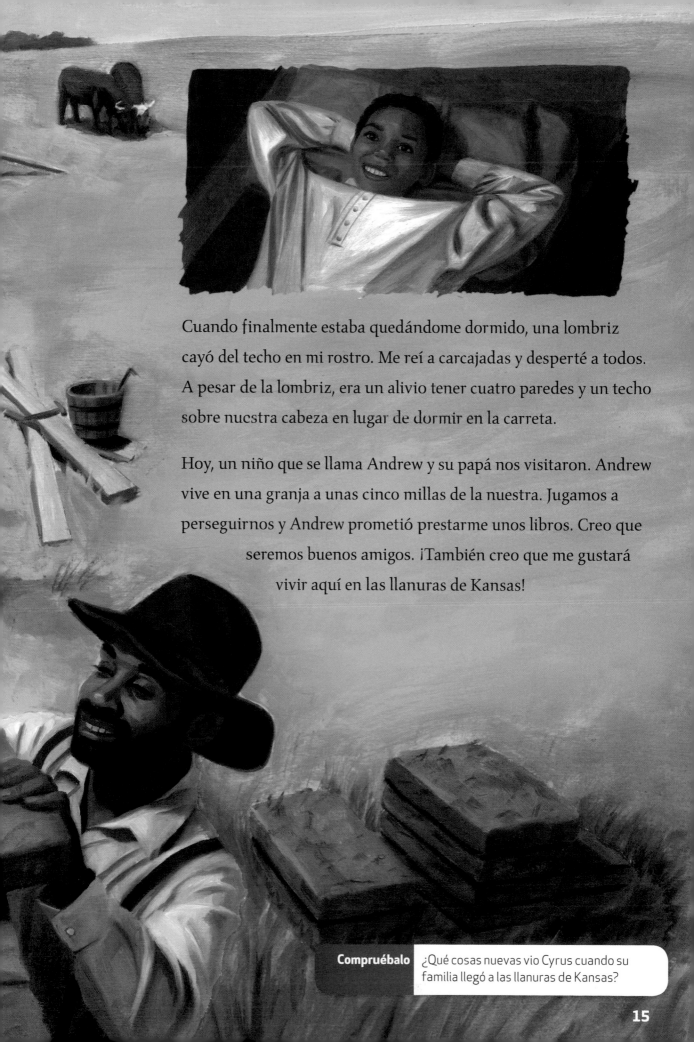

Cuando finalmente estaba quedándome dormido, una lombriz cayó del techo en mi rostro. Me reí a carcajadas y desperté a todos. A pesar de la lombriz, era un alivio tener cuatro paredes y un techo sobre nuestra cabeza en lugar de dormir en la carreta.

Hoy, un niño que se llama Andrew y su papá nos visitaron. Andrew vive en una granja a unas cinco millas de la nuestra. Jugamos a perseguirnos y Andrew prometió prestarme unos libros. Creo que seremos buenos amigos. ¡También creo que me gustará vivir aquí en las llanuras de Kansas!

Compruébalo ¿Qué cosas nuevas vio Cyrus cuando su familia llegó a las llanuras de Kansas?

Niños de las llanuras

por Nathan W. James y Cynthia Clampitt

Muchos países tienen llanuras. Las llanuras de los Estados Unidos se llaman las Grandes Llanuras. En Argentina, la llanura se llama Pampa. Los países tienen diferentes nombres para sus llanuras, pero todas las llanuras son planas y tienen pocos árboles. Observemos las llanuras en dos países diferentes.

> Las Grandes Llanuras se conocen por sus grandes extensiones de terreno plano. También tienen buenos suelos para el cultivo.

¡Hola!

Esa soy yo

¡Maíz, mi favorito!

Me llamo Amanda. Vivo en una granja en Nebraska. Nebraska está en las Grandes Llanuras estadounidenses. Cuando miro por la ventana de mi habitación, veo campos verdes de maíz y trigo dorado. Otras granjas de maíz y trigo rodean nuestra granja. Se dice que las Grandes Llanuras son "La despensa de los Estados Unidos" porque el maíz y el trigo se usan para hacer pan y otros alimentos.

Muchos tipos de alimentos se cultivan en las llanuras. Hoy tenemos un picnic familiar. La mayoría de los alimentos que comemos provienen de las Grandes Llanuras. La carne para nuestras hamburguesas proviene del rancho ganadero de nuestro vecino. Los panecillos se hacen con el trigo que se cultiva cerca. La lechuga, las zanahorias y los tomates provienen de nuestro huerto.

Gracias al viento

Los campos no son todo lo que veo por la ventana. El terreno plano de las Grandes Llanuras también está salpicado de **turbinas eólicas**. Estas máquinas tienen aspas que giran con el viento y producen electricidad. Parecen flores de metal gigantes con pétalos que giran. Las turbinas de nuestra tierra dan energía a nuestra ciudad y las ciudades cercanas. Nebraska no tiene montañas que bloqueen el viento. Las llanuras planas y ventosas son perfectas para las turbinas giratorias.

¡Parece una flor!

La torre de una turbina eólica puede ser tan alta como un edificio de 30 pisos. Las aspas pueden ser tan grandes como las alas de un avión grande.

¡Muu!

¡Hola!

Me llamo Mateo. Vivo en las "grandes llanuras" de Argentina, un país en Sudamérica. A nuestras llanuras las llamamos Pampa, pero se parecen mucho a las Grandes Llanuras de los Estados Unidos. La Pampa es plana y está cubierta de hierba. Los campos son un buen lugar para que el ganado se esparza y paste. Eso significa que comen hierba. También cultivamos muchos alimentos aquí en las granjas.

La Pampa es plana y está cubierta de hierba, está a poca distancia de las montañas y el océano. Acabo de ir a caminar a las montañas con mi mamá. También he ido a pescar en el océano en el barco de mi primo muchas veces. ¡Es divertido!

Puedes caminar millas y millas en la Pampa antes de encontrar la sombra de un árbol.

Cabalgo en estas colinas, llamadas "sierras". Están en la base de la cordillera de los Andes.

Mi papá, el gaucho

Vivo en una **estancia**, que es un rancho. Mi familia cría ganado para venderlo en el mercado. Mi papá es un **gaucho**, que es como un vaquero estadounidense. Monta un caballo para **acorralar**, o reunir, al ganado. El ganado vaga por toda nuestra tierra.

Los gauchos como mi papá llevan un cinturón ancho para sostener sus herramientas. Meten sus pantalones en altas botas de cuero. Cuando el estado del tiempo se pone más frío, los gauchos usan un poncho, un tipo de capa o saco de lana. Un gaucho siempre tiene unas boleadoras. Las boleadoras son cuerdas de cuero con tres bolas de hierro en el extremo. Los gauchos las usan para enlazar al ganado. Mi papá puede tirar las boleadoras para envolver las patas de una vaca y evitar que se escape.

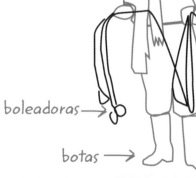

poncho

boleadoras →

botas →

boleadoras

Botas de papá

La tierra plana y fértil de la mayor parte de las llanuras es apta para cultivar alimentos y criar ganado. No importa dónde estén las llanuras, su tierra moldea la vida de las personas que viven allí.

< Los gauchos también usan una cuerda larga para arriar al ganado. Enlazan el extremo de la cuerda alrededor del cuello de la vaca. Luego la conducen a un lugar seguro.

Compruébalo Compara las Grandes Llanuras estadounidenses con la Pampa. ¿En qué se parecen?

Comenta

1. ¿Qué conexiones puedes establecer entre los tres artículos de este libro? ¿De qué manera se relacionan?

2. ¿En qué se parecen y se diferencian las comunidades de perros de la pradera de las comunidades humanas?

3. ¿Dónde comenzaron su viaje Cyrus y su familia? ¿Dónde terminó su viaje? Compara su vieja granja y la tierra que la rodea con su nueva granja y su tierra.

4. ¿Qué papel tiene el viento en la vida en las llanuras?

5. ¿Qué más te gustaría saber sobre la vida en una comunidad de llanuras? ¿Cómo puedes aprender más?